BEI GRIN MACHT SICH IHR WISSEN BEZAHLT

Ina Böttcher

Kapitän Blindfisch sucht eine neue Piratenmannschaft - Ein angeleiteter Schreibanlass

Die SuS bewerben sich mit Hilfe eines Steckbriefes bei Kapitän Blindfisch als Piraten auf seinem Schiff

GRIN Verlag

Bibliografische Information der Deutschen Nationalbibliothek:

Die Deutsche Bibliothek verzeichnet diese Publikation in der Deutschen National-
bibliografie; detaillierte bibliografische Daten sind im Internet über http://dnb.d-
nb.de/ abrufbar.

Impressum:

Copyright © 2011 GRIN Verlag, Open Publishing GmbH
Druck und Bindung: Books on Demand GmbH, Norderstedt Germany
ISBN: 978-3-640-98104-5

Dieses Buch bei GRIN:

http://www.grin.com/de/e-book/176686/kapitaen-blindfisch-sucht-eine-neue-pira-
tenmannschaft-ein-angeleiteter

Studienseminar für Lehrämter an Schulen

Seminar GHR/Schwerpunkt Grundschule

Schriftliche Planung zur unterrichtspraktischen Prüfung
gemäß § 34 OVP vom 11.11.2003

Fach: Deutsch

Schule:

Schulleiter:

Ausbildungslehrer/in:

Klasse: 1 (29 Schüler/innen)

Uhrzeit: 8.50 – 9.35 Uhr (2. Stunde)

Datum: Donnerstag, der 09.06.2011

Prüfungsausschuss:

Vorsitzende:

Bekannte Seminarausbilder/in:

Fremde Seminarausbilder/in:

Schulvertreter/in:

„Ich versichere, dass ich die Arbeit eigenständig verfasst, keine anderen Quellen und Hilfsmittel als die angegebenen benutzt und die Stellen der Arbeit, die anderen Werken dem Wortlaut oder Sinn nach entnommen sind, in jedem einzelnen Fall unter Angabe der Quelle als Entlehnung kenntlich gemacht habe. Das Gleiche gilt auch für beigegebene Zeichnungen, Kartenskizzen und Darstellungen. Anfang und Ende von wörtlichen Textübernahmen habe ich durch An- und Abführungszeichen, sinngemäße Übernahmen durch direkten Verweis auf die Verfasserin oder den Verfasser gekennzeichnet."

THEMA DER UNTERRICHTSEINHEIT

Hey ho, Piraten kommen – Die Schülerinnen und Schüler (SuS)[1] setzen sich handlungs- und produktionsorientiert mit dem Thema „Piraten" auseinander. Dabei lernen sie schwerpunktmäßig verschiedene Arten der Beschreibung (Personen-, Gegenstands-, und Bildbeschreibung) kennen.

THEMA DER UNTERRICHTSSTUNDE

Kapitän Blindfisch sucht eine neue Piratenmannschaft – Die SuS bewerben sich bei Kapitän Blindfisch als Piraten auf seinem Schiff.

ZIEL DER UNTERRICHTSSTUNDE

Die SuS verfassen einen Steckbrief, in dem sie ihr Aussehen als Piratenfigur möglichst umfassend beschreiben. Hierbei werden die Schreibkompetenz sowie die Schreibmotivation gefördert. Der erstellte Steckbrief dient als Grundlage für ein anschließendes Ratespiel.

STELLUNG DER STUNDE INNERHALB DER UNTERRICHTSEINHEIT:

Sequenz 1	Das wissen wir schon über Piraten – Die SuS aktivieren ihr Vorwissen durch Brainstorming zum Thema.
Sequenz 2	Wir lernen, wie ein richtiger Pirat aussieht – Die SuS lernen stereotype Merkmale eines Piraten kennen und erledigen verschiedene Schreib- und Leseaufgaben zum Thema.
Sequenz 3	Wir lernen, was ein guter Pirat können muss – Die SuS lernen die unterschiedlichen Piratenaufgaben durch ein Pantomime-Spiel in Kleingruppen sowie eine Leseaufgabe zur Wort-/Bildzuordnung kennen.
Sequenz 4	Wir lernen das Piratenschiff kennen – Die SuS lernen die unterschiedlichen Schiffsteile kennen und beschriften anschließend eine Schiffsabbildung mit den entsprechenden Begriffen.
Sequenz 5	Wir entwickeln ein Piratenrätsel – Ausdenken und Formulieren von Rätselfragen für die Mitschüler/-innen (Piraten) und die Lehrkraft (den Kapitän) in Partnerarbeit und Durchführung des Rätsels zum Erhalt einer Piratenurkunde.
Sequenz 6	Wir lernen Kapitän Blindfisch und seine Mannschaft kennen – Die SuS stellen den Kapitän und seine Mannschaft in einem Ratespiel vor, indem sie die verschiedenen Piraten mithilfe von Steckbriefen mündlich beschreiben und versuchen zu erraten, welches Kind welcher Pirat ist.
Sequenz 7	Wir erfahren von Kapitän Blindfischs Unglück – Die SuS bringen eine Bildergeschichte über Kapitän Blindfisch in die richtige Reihenfolge und schreiben zu den einzelnen Bildern die Dialoge.
Sequenz 8	Kapitän Blindfisch sucht eine neue Piratenmannschaft – Die SuS bewerben sich mithilfe von Steckbriefen schriftlich bei Kapitän Blindfisch als Piraten auf seinem Schiff.
Sequenz 9	Wir arbeiten weiter an unserer Bewerbung – Die SuS erweitern ihren Steckbrief, indem sie begründen, warum sie gut in die Mannschaft passen.

---

[1] Im Folgenden wird für Schülerinnen und Schüler die Abkürzung SuS verwendet.

Didaktischer Schwerpunkt

Die Wahl des Themas der Unterrichtseinheit *Hey ho, die Piraten kommen* kann auf mehreren Ebenen begründet werden. Das Thema „Piraten" ist für Kinder in der Grundschule sehr spannend und motivierend. Es lädt die SuS zu abenteuerlichen Vorstellungen über das Leben der Seeräuber ein und regt die Fantasie der Kinder an. Nachdem die SuS der Klasse 1 von dem Englischprojekt *„watch out for pirates"* der Viertklässler erfahren haben, zeigten sowohl die Jungen als auch die Mädchen Interesse daran, das Thema ebenfalls im Unterricht zu behandeln. Da die Kinder bereits häufig Piratenfilme gesehen, Piratenbücher angeschaut und Geschichten über Seeräuber gehört haben, kann man auf viele Vorerfahrungen der SuS zurückgreifen und an diese im Unterrichtsgeschehen anknüpfen. Zudem ist das Thema „Piraten" derzeit als Trend in Spielzeuggeschäften zu beobachten – viele Produkte, von Büchern über Spielzeuge und Kostümen bis hin zu Schulutensilien, zeigen klischeehafte „Merkmale" der historischen Piraterie bzw. des Seemannslebens. Auch Kindergeburtstage finden häufig unter dem Motto „Piraten" statt. Der Unterrichtsgegenstand entspringt demnach der Lebenswelt der SuS.

Der Deutschunterricht sollte laut Lehrplan integrativ und fächerübergreifend angelegt sein,[2] was dieses Thema hervorragend umsetzt. In den einzelnen Sequenzen arbeiten die Kinder an verschiedenen Aufgaben und Themenschwerpunkten, welche die unterschiedlichen Kompetenzbereiche (Lesen, Schreiben, Sprechen und Zuhören, Sprache und Sprachgebrauch untersuchen) optimal miteinander verknüpfen. Fächerübergreifend erarbeiten die Kinder im Musikunterricht das Lied „Hey ho, Piraten kommen", das in der gezeigten Stunde als Einstimmung auf das Thema dienen soll. Die SuS haben im Kunstunterricht Piraten mit ihren eigenen Gesichtern hergestellt, die als Grundlage der heutigen Bewerbung dienen. Die Piratenfiguren finden ihre Einbettung in der Unterrichtseinheit durch den Einsatz des angeleiteten Schreibens in der heutigen Stunde.

Die Stunde findet im Rahmen der siebten Sequenz statt und ist im Lehrplan Deutsch des Landes Nordrhein-Westfalen dem **Kompetenzbereich „Schreiben"**[3] unter dem Schwerpunkt *„Texte situations- und adressatengerecht verfassen"* zuzuordnen. Die SuS schreiben nach Vorgaben einen Steckbrief, in dem sie sich als Piratenfigur beschreiben und stellen sich diesen gegenseitig vor. In Partnergesprächen sollen sie sich über die Steckbriefe austauschen und Tipps geben. Diese Kompetenz ist dem Bereich **Sprechen und Zuhören**[4] unter dem Schwerpunkt „verstehend zuhören" zuzuordnen.[5]

---

[2] Vgl. LP (2008), S. 23.
[3] LP (2008), S. 29.
[4] LP (2008), S. 28.
[5] Ebd.

3

Laut Altenburg kommen Kinder in die Schule und möchten lesen und schreiben.[6] Diese Schreibmotivation sollte im Deutschunterricht genutzt werden. Jedoch muss dazu eine Lernumgebung geschaffen werden, in der die SuS angeregt und angeleitet Texte aufschreiben können. Erst so wird gewährleistet, dass es zu einer Entwicklung der Schreibkompetenz kommt.[7] Inhaltliche Impulse für Schreibanlässe können dabei unterschiedlichster Art sein, z. B. Fotos, Geräusche oder Filme.[8] In dieser Stunde ist es das Video eines Kapitäns, der auf der Suche nach einer neuen Piratenmannschaft ist. Es soll die Kinder zum Schreiben anleiten und anregen. Angeleitetes Schreiben erfolgt laut Böttcher nach Vorgaben, Regeln und Mustern. Es kann somit auch als strukturorientiertes Schreiben bezeichnet werden, das anhand verschiedener Verfahren (inhaltlicher Vorgaben, formaler Kriterien, struktureller Regeln sowie literarischer und textorientierter Muster) erfolgen kann.[9] Die Kinder bringen in dieser Stunde ihre Ideen in Textstrukturen und übertragen sie in das Muster eines Steckbriefs. Nach Bartnitzky[10] stellt das angeleitete Schreiben einen der sechs Typen von Schreibsituationen dar, die dem intentionalen Schreiben zugeordnet werden. „In diesem Typ von Schreibsituationen sind alle Situationen erfasst, die Kinder auf die jeweils für sie passende Weise zum Schreiben von Texten verschiedener Qualität und Inhaltlichkeit anregen und anleiten können."[11]

Bei Schreibprozessen ist es von Bedeutung, „dass der Schreibanlass ein Schreibziel haben muss, das dem Schreiben einen Sinn gibt".[12] Im vorliegenden Fall schreiben die Kinder ihre Bewerbungen mit dem Ziel, in die Piratenmannschaft aufgenommen zu werden.

Die Klasse 1 besteht aus 29 Kindern, von denen 14 Mädchen und 15 Jungen sind. Die LAA unterrichtet diese Lerngruppe im Rahmen des bedarfsdeckenden Unterrichts viermal wöchentlich für eine Schulstunde im Fach Deutsch. In der Klasse herrscht meistens ein recht angenehmes soziales Klima. Die Kinder gehen freundlich miteinander um. Ausnahmen bilden Kinder wie Stephanie und Linn, aber vor allem Calvin und Yannik. Sie sind leicht aus der Ruhe zu bringen und fühlen sich sehr schnell angegriffen. Beide reagieren darauf häufig mit Handgreiflichkeiten oder Beleidigungen. Gegen Yannik wurde bereits ein AOSF-Verfahren eingeleitet, die anderen genannten Kinder werden therapeutisch betreut. Sollte es in der gezeigten Stunde zu Handgreiflichkeiten kommen, so ist mit den Kolleginnen und Kollegen vereinbart, dass das Kind vom Unterricht ausgeschlossen wird und den Rest der Stunde in einer anderen Klasse verbringt.

Die Lerngruppe ist sehr heterogen. Es gibt viele leistungsstarke SuS, wie Kira- Antonia, Kira, Felix, Samuel oder Hanna, die in allen Kompetenzbereichen des Deutschunterrichts gute bis sehr gute Leistungen zeigen. Sie verfügen über eine schnelle Auffassungsgabe, die

---

[6] Altenburg, E. (2000), S. 138.
[7] Vgl. Bartnitzky, H. (2008), S. 64.
[8] Vgl. Bartnitzky, H. (2006), S. 78 ff.
[9] Vgl. Böttcher (2004), S. 24.
[10] Vgl. Bartnitzky (2006), S. 74.
[11] Bartnitzky (2006), S. 78.
[12] Bartnitzky (2008), S. 77.

sie in verschiedenen Bereichen zeigen und positiv nutzen. Ihnen fällt es leicht, dem Unterrichtsgeschehen und den Aufgabenstellungen zu folgen.

Jan zählt zu den leistungsschwächeren Schülern. Er hat noch große Probleme, lautgetreu zu schreiben und zu lesen. Zudem wirkt er oft verspielt und verträumt. Häufig muss man ihn an seine Arbeitsanweisung erinnern. Nach den Sommerferien wiederholt nimmt er wieder am Unterricht der 1. Klasse teil. Für Kinder wie ihn werden die Leseanweisungen, z. B. auf dem Steckbrieffächer oder den Steckbriefvorlagen, durch Bilder unterstützt.

Stephanie zählt ebenfalls zu den leistungsschwächeren Kindern, auch sie wird die erste Klasse wiederholen. Sie hat jedoch in den letzten Wochen Fortschritte im Lesen und Schreiben gemacht. An neue und ihr fremde Aufgaben traut sie sich häufig nicht heran und beansprucht" sofort Hilfe, ohne versucht zu haben, sich selbst mit der Aufgabe auseinanderzusetzen. Ich werde sie an unsere Absprache erinnern, zunächst selbstständig t, die Aufgabe zu lösen.

Ansonsten ist allen Kindern bekannt, dass sie sich bei Fragen gegenseitig unterstützen sollen. So können sie bei Bedarf ihren Sitznachbarn Fragen oder die LAA. .

Die Lernatmosphäre ist weitgehend angenehm, wird aber regelmäßig durch Störungen einzelner Kinder beeinträchtigt. So stellt es für Kinder wie Stephanie, Jolina, Maxi oder Jenny, Jonas und Max teilweise eine Herausforderung dar, sich an die Klassenregeln zu halten, sie stören den Unterricht häufig durch Reden mit ihren Sitznachbarn oder durch ungefragte Kommentare. Diese Kinder werde ich beobachten und gezielt auf ihr Verhalten ansprechen. Jennifer und Jolina lenken sich gern gegenseitig von ihrer Arbeit ab und benötigen viel Zeit, bis sie mit ihrer Aufgabe beginnen. Ich werde sie an ihre Arbeitsanweisung erinnern und sie positiv bestärken und motivieren. Gegebenenfalls werde ich sie an Einzeltische setzen.

Die Kinder sind mit verschiedenen Sozialformen, z. B. dem Sitzkreis, vertraut. In diesen Phasen wird es teilweise unruhig, da die Kinder aus Platzmangel häufig sehr eng aneinander sitzen müssen.

Seit Beginn des 1. Schuljahres haben sie Erfahrungen mit unterschiedlichen Schreibanlässen gemacht. So werden zu Beginn der Woche regelmäßig Momo-Geschichten (Montagmorgengeschichten) geschrieben, in denen sie von ihren Wochenend- oder Ferienerlebnissen berichten. Zudem haben sie Erfahrungen im Schreiben von Fortsetzungs- und Bildergeschichten, im Erstellen eines gemeinsamen Wackelzahnratgebers oder im Anfertigen eines Parallelbuches (Cornelius) sammeln können. Die SuS gehen meist motiviert an Schreibanlässe wie diese heran. Kinder wie Jan, Stephanie, Calvin oder Max nutzen gerne die Möglichkeit des Beraterkreises. Hier können sie Fragen zum Arbeitsauftrag stellen oder sich Anregungen holen.

Durch die parallele Arbeit im Schreiblehrgang haben die SuS alle Buchstaben erarbeitet. Buchstabenkombinationen wie „st" oder „tz" bereiten den Kindern beim Lesen teilweise noch

Schwierigkeiten. Ebenso verwechseln einige Kinder die Buchstaben „b" und „d" und kommen dadurch beim Lesen ins Stolpern. Bei der Formulierung der einzelnen Punkte des Steckbriefes habe ich bewusst darauf geachtet, dass die Überschriften und Aufgabenstellungen, wie „Das habe ich an", sprachlich so einfach wie möglich gehalten sind, damit das Erlesen auch für die schwächeren Kinder kein Hindernis darstellt. Alternativen wären hierfür z. B. „Das trage ich am liebsten" oder „Meine Kleidung" gewesen, die jedoch mehr Lesekompetenz fordern. So können sich alle SuS auf die eigentliche Aufgabe, den Schreibanlass, konzentrieren.

In Arbeitsphasen, in denen die Kinder schreiben oder lesen sollen, wird es erfahrungsgemäß etwas lauter, da sich die SuS die Wörter lautgetreu vorsprechen oder gelegentlich auch Hilfe beim Nachbarn suchen. Solange die Gespräche zum Arbeitsprozess gehören und sich kein Kind gestört fühlt, werde ich die Lautstärke tolerieren.

...auf diese Weise...

Nach einer Begrüßung der SuS sowie der Gäste singen die Kinder zur Einstimmung das Piratenlied „Hey ho, Piraten kommen". Der Liedtext wird durch entsprechende Bewegungen unterstützt. Die Kinder stehen dazu an ihrem Platz, um diese besser ausführen zu können.

Ritualisiert kommt dann ein Schüler bzw. eine Schülerin nach vorn und übernimmt die Rolle des „Steuermanns", der zusammen mit seinen Mitschülerinnen und -schülern den Stundenablauf präsentiert. Dazu setzt er sich eine Augenklappe auf und erhält die „Starterkarte", die wie ein „Steuerrad" aussieht. Ich wähle diese „Inszenierung", um die SuS auf das Thema der Einheit einzustimmen. Der Ablaufplan an der Tafel soll den SuS einerseits die Stundeninhalte visualisiert verdeutlichen, andererseits dient er dazu, den SuS Transparenz über Aufgaben, Sozialformen und Ziele zu geben. Der aktuelle Arbeitsschritt wird mit einem „Anker" markiert, um den SuS eine Möglichkeit zur Orientierung innerhalb des Vorgehens in der Stunde zu geben.

Anschließend zeigt die LAA ein Video über Kapitän Blindfisch. Es erzählt eine Rahmengeschichte (inhaltlicher Impuls), durch die die Kinder zum Schreiben angeregt und angeleitet werden sollen. Damit alle Kinder die Leinwand gut sehen können, verzichte ich auf einen Sitzkreis und lasse die SuS das Video von ihrem Platz aus anschauen.

Zur Rahmengeschichte: Der blinde Kapitän Blindfisch und seine Mannschaft sind auf ihrer letzten Abenteuerfahrt in einen großen Sturm geraten. Ein Blitzeinschlag hat das Schiff in Brand gesetzt. Nachdem das Schiff gesunken ist, hat sich niemand aus der Mannschaft retten können, nur der Kapitän und sein sprechender Papagei. Dieser Teil der Geschichte ist den Kindern bereits durch das Ordnen und Schreiben der Bildergeschichte der letzten

Sequenz bekannt und dient der Wiederholung und Reaktivierung von Vorwissen. Nun ist der Kapitän auf der Suche nach einer neuen Piratenmannschaft: Er fordert alle Piraten der Klasse 1 auf, sich auf seinem Schiff zu bewerben. Für den Kapitän ist es zunächst sehr wichtig, dass jeder Pirat sich äußerlich genau beschreibt, damit er erfährt, ob es sich wirklich um einen echten Piraten. Außerdem soll er ihn bei einem Treffen sofort mithilfe seines Papageis erkennen können.

Der 2. Teil der Bewerbung (die Begründung dafür, warum der Pirat für die Mannschaft geeignet ist) soll in der darauffolgenden Stunde fortgeführt werden oder dient ggf. als didaktische Reserve.

Im Anschluss an den Arbeitsauftrag zeigt und erklärt die LAA die zu nutzenden Arbeitsmaterialien. Die Kinder können zwischen Steckbriefvorlagen mit und ohne Linien wählen. Zur Differenzierung können die Kinder den gemeinsam erarbeiteten Steckbrieffächer nutzen. Durch die beliebten Freundschaftsbücher sind die Kinder mit dem Steckbriefformat vertraut. Auch der Umgang mit dem Fächer ist den Kindern bereits bekannt, da sie in einer vorangegangen Sequenz (Nr. 6) mündlich unterschiedliche Piraten in Form eines Ratespiels beschrieben haben. Auf dem Fächer gibt es verschiedene Oberpunkte („Name", „So sehe ich aus" oder „Das ziehe ich an"). Zu jedem dieser Punkte werden Beispiele aufgeführt, auf die die SuS beim Ausfüllen des Steckbriefes zurückgreifen können. Weitere Hilfsmittel sind die im Raum aushängenden Lernplakate, mit den entsprechenden Wörtern zu jedem Themengebiet (z. B. „So sahen Piraten aus") sowie die Piratenhefte der Kinder, in denen sie alle Arbeitsblätter und erstellten Produkte der Einheit abgeheftet haben.

Kindern, die noch Fragen haben oder eine Beratung benötigen, bietet die LAA einen differenzierten Schreibanfang in Form eines Beraterkreises an. Häufig kann „durch eine Nachfrage, ein kurzes Gespräch, die ‚Initialzündung' in Gang gebracht"[13] werden. Alle anderen Kinder beginnen mit ihrer Aufgabe. In der Arbeitsphase steht die LAA den Kindern ggf. beratend zur Seite, regt die SuS jedoch dazu an, sich bei Fragen auch an die Mitschülerinnen und -schüler zu wenden. Das fördert die Selbstständigkeit und das soziale Miteinander.

Da die Kinder für das Schreiben unterschiedlich viel Zeit benötigen, schließt die Arbeitsphase mit einem differenzierten Schreibende[14] Schnelle Kinder haben die Möglichkeit, mit ihrem gebastelten Piraten und dem Steckbrief zu einem vereinbarten Treffpunkt (dem „Plauderschiff") zu gehen, um sich dort in Teamarbeit gegenseitig die Steckbriefe vorzustellen und über sie ins Gespräch zu kommen. Diese Methode ist den SuS bereits bekannt Um evtl. Wartezeit themenbezogen und sinnvoll zu überbrücken, können die SuS

---

[13] Vgl. Altenburg, E. (2000), S. 18.
[14] Vgl. ebd.

auf dem „Plauderschiff" in diversen Piratenbüchern lesen. Das Lesen wird unterbrochen, sobald ein zweites Kind auf das „Schiff" kommt. Gemeinsam „fahren" sie zu einer im Nebenraum oder auf dem Flur gekennzeichneten „Besprechungsinsel". Dort stellen sie sich ihre Steckbriefe gegenseitig vor. Um die Besprechung organisiert ablaufen zu lassen, liegen an den Besprechungsinseln Umhängekärtchen für jedes Kind bereit, auf denen entweder ein Ohr für den Zuhörer oder ein Mund für den Vorleser abgebildet ist. Die Zuhörer haben in diesem Gespräch die Aufgabe, darauf zu achten, ob der Papagei des Kapitäns den Piraten anhand der Beschreibung gut erkennen kann und begründen dies. Die Kinder geben sich ggf. gegenseitig Tipps zur Verbesserung ihrer Personenbeschreibung.

Durch den Einsatz der Triangel endet die Arbeitsphase. Die Sitzkreispräsidenten rufen ihre Mitschülerinnen und -schüler der Reihe nach ins Tafelkino. Dabei erinnern sie diese daran, ihre Steckbriefe und Piraten mitzubringen. Die SuS spielen nun ein Ratespiel, bei dem sie sich in die Rolle des Papageien versetzen. Sie versuchen, den beschriebenen Piraten zu erkennen. Dazu hängen die Piratenfiguren der Kinder an der Tafel. Die LAA liest die Steckbriefe selbst vor, da die Kinder das Geschriebene ihrer Mitschüler in diesem Alter noch schwer erlesen können. Beim Suchen und Erkennen achten die SuS auf folgende Reflexionsfrage: Kann Polli die Piraten gut durch die Beschreibung erkennen? Ja, weil …/Nein, weil …

Durch die Gespräche ergeben sich Tipps und Topps, die die LAA auf Karteikarten schreibt. Die Stunde endet mit einem Ausblick auf das weitere Vorgehen.

Verlaufsplan:

Unterrichtsphase	Unterrichtsablauf	Sozialform	Material/ Medien
Begrüßung	Begrüßung der Kinder und Vorstellung der Besucher	Plenum	
Einstieg/ Einstimmung	Gemeinsames Singen des Piratenliedes „Hey ho, Piraten kommen"	Stehend am Platz	CD mit Lied
	Der Stundenablauf wird vom „Steuermann" präsentiert, besonderer Hinweis auf Zielsetzung der Stunde.		Ablaufplan an der Tafel, Starterkarte
Hinführung	Zeigen des Videos von Kapitän Blindfisch. Hierdurch erhalten die Kinder den Arbeitsauftrag, sich beim Kapitän zu bewerben.	Plenum	Beamer Laptop
	Aufgabenstellung: Beschreibt euren Piraten so gut, dass der Papagei des Kapitäns ihn		Steckbriefvorlage mit und ohne Linien, Steckbrieffächer

	zwischen allen anderen Piraten erkennen kann. Anschließend zeigt die LAA Material, das die SuS zum Arbeiten benötigen.		
Arbeitsphase	Schreiben der Steckbriefe an den Kapitän	Einzelarbeit	Steckbriefvorlage mit und ohne Linien, Steckbrieffächer, Piratenfigur, Piratenheft, Plakate mit Wortfeldern
	Differenzierter Schreibanfang: Kinder, die noch Beratung benötigen, finden sich im Beraterkreis ein	Beraterkreis	
	Differenziertes Schreibende: Kinder, die bereits fertig sind, fahren mit dem „Plauderschiff" zu einer der „Besprechungsinseln" und stellen ihre Steckbriefe vor und besprechen diese.	Partnerarbeit	Schilder für Plauderschiff/ Besprechungsinseln
Reflexion/ Präsentation	Die SuS spielen ein Ratespiel, bei dem sie einen der beschriebenen Piraten unter vielen anderen erkennen sollen. Dabei achten sie auf folgende Reflexionsfrage: Kann Polli die Piraten gut durch die Beschreibung erkennen? Ja, weil … /Nein, weil …		Visualisierte Reflexionsfrage
	Tipps und Topps werden auf Karteikarten als Ergebnisse festgehalten		Karteikarten

LITERATUR

Altenburg, Erika (2000): Offene Schreibanlässe – Jedes Kind findet sein Thema. Auer Verlag. Donauwürth.

Bartnitzky, Horst (2008): Sprachunterricht heute. Cornelsen, Berlin.

Bartnitzky, Horst (2006): Deutschunterricht – Kompetent im Unterricht der Grundschule. Schneider Verlag Hohengehren, Baltmannsweiler.

Böttcher, Ingrid (2004): Kreatives Schreiben. Cornelsen, Berlin.

Ministerium für Schule, Jugend und Kinder des Landes Nordrhein-Westfalen (2008): Richtlinien und Lehrpläne für die Grundschule (Deutsch), Ritterbachverlag, Frechen.